Bajka

Die zwölf Brüder

Ein sorbisches Märchen
Illustriert von Konrad Golz

Nacherzählt von Jurij Koch

VEB Domowina-Verlag · Bautzen

Es war einmal ein Vater. Der hatte zwölf Söhne. Eines Tages kamen sie zu ihm und baten ihn um seinen Segen. Sie hatten sich vorgenommen, in die Welt zu gehen. Dort wollte jeder von ihnen ein Mädchen finden und heiraten.

Der Vater sagte: »Geht in Gottes Namen! Aber heiraten dürft ihr erst, wenn ihr einen Vater gefunden habt, der zwölf Töchter hat und keine Söhne, so wie ich keine Töchter habe. Wenn ihr mir versprecht, nach Hause zurückzukehren, sobald ihr euer Glück gefunden habt, soll euch mein Segen begleiten.«

So machten sich die Burschen auf den Weg. Wohin sie auch kamen, überall fragten sie nach einem Vater mit zwölf Töchtern. Lange schien es, als sollte ihre Mühe nicht belohnt werden. Als sie aber wieder bei einem Bauern übernachteten, sagte der: »Genau fünfzigtausend Schritte von hier wohnt ein Vater, der zwölf Töchter hat. Und seltsamerweise hat dieser beschlossen, seine Töchter an zwölf Söhne eines Vaters zu verheiraten.«

Das war eine gute Nachricht. Eilig brachen sie auf. Aber etwas störte ihre Freude. Es war ihnen auch gesagt worden, daß sie unterwegs ein schreckliches Tal, in dem ein böser Geist herrsche, durchqueren müßten und daß der Geist alle Menschen, die das Tal betreten, in Steinsäulen verwandle. Niemand könne die Unglücklichen aus ihrem Zustand befreien. Nur manchmal, so hatten sie noch erfahren, sei der böse Geist nicht böse. An solchen Tagen erweise er den Menschen Gnade und lasse sie ohne Schaden das Tal passieren.

Unverdrossen zogen sie weiter. Wenn sich einer von ihnen an den bösen Geist erinnerte und zu bedenken gab, ob es nicht besser wäre umzukehren, stimmte ein anderer ein Lied an. Dann sangen sie alle, und ihre Stimmen flogen ihnen voraus.

So kamen sie an einen dichten Wald. Durch den mußten sie hindurch, um zu dem Tal zu gelangen. Kaum hatten sie ihn betreten, da waren sie schon von wilden Tieren umgeben, von Löwen und Wölfen und

häßlichen Affen. Immer mehr kamen hinzu. Sie hatten großen Hunger, brüllten und heulten und fletschten die Zähne.

In dieser Lage wird uns kein Lied helfen, sagten sich die Brüder. Sie überließen den Tieren, die sie immer gefährlicher bedrängten, alle ihre Brote. So konnten sie den Hunger der wilden Gäste stillen.

Einer der Löwen leckte sich besonders lange das Maul. Dann trat er hervor und erklärte: »Eure Freundlichkeit soll belohnt werden.« Gleich begann er sich Haare aus dem Fell zu zupfen. Die anderen folgten seinem Beispiel. Als sie einen beachtlichen Haufen gerupft hatten, erläuterte der Affe: »Nehmt die Haare mit. Wenn ihr in Not geratet, zündet sie an. Der Gestank, der dabei entsteht, wird den Tieren ein Zeichen sein. Sie werden herbeieilen, um euch zu helfen.«

Mit den Fellhaaren zogen sie weiter.

Die Sonne brannte, und sie bekamen großen Durst. Aber nirgends fanden sie Wasser. Auch Regen war nicht zu erwarten, denn es war kein einziges Wölk-

chen am Himmel zu sehen. Einigen von ihnen war schon die Zunge trocken geworden.

Aber da kamen sie endlich an einen Waldteich. In ihm glitzerte klares Wasser. Die Brüder stillten ihren Durst und waren glücklich. Als sie sich den Mund wischten, sahen sie, daß am gegenüberliegenden Ufer Diebe am Werk waren. Mit langen Ruten angelten sie einen Hecht nach dem anderen aus dem Teich. Als die Brüder zu ihnen hinüber riefen, flohen sie Hals über Kopf und vergaßen Ruten und Fische. Die Brüder warfen die Hechte ins Wasser zurück.

Sie trauten ihren Augen nicht, als aus dem Teich plötzlich bunte Steinchen ans Ufer flogen.

Ein Hecht schaute aus dem Wasser heraus und sagte: »Ihr habt uns erlöst. Dafür belohnen wir euch mit diesen Steinchen. Wenn ihr in Not geratet, werft sie ins Wasser, und euch wird geholfen werden.«

Mit den Steinchen in der Tasche gingen sie weiter.

Der Wald wurde dichter. Die Bäume, Fichten, Kie-

fern, Eichen und Birken hatten dichte Kronen. Nur wenige Sonnenstrahlen drangen hindurch. Wieder stimmten die Brüder ein Lied an, das ihnen vorauseilte.

Endlich zeigte sich eine Lichtung. Als sie aus dem Wald traten, lag vor ihnen das Tal, das sie durchwandern mußten, wenn sie zu dem Vater mit seinen zwölf Töchtern gelangen wollten. »Wird es uns gelingen, gesund an Leib und Seele das Land des bösen Geistes zu durchqueren?« fragten sie sich.

Eine Weile standen sie am Waldrand. Dichter Nebel lag über dem Tal, als wäre es mit einem schmutzigen Bett bedeckt. Das Gras unter ihm moderte, und die Würmer und Käfer erstickten. Aus dem schmutzigen Nebel ragten Tausende von steinernen Säulen. Das waren verwandelte Menschen, die sich aus ihrem unglücklichen Zustand nicht mehr befreien konnten. Über dem Tal lag eine große Verdammnis. Plötzlich sahen die Brüder eine alte Frau, die von Stein zu Stein ging. Mit einem Lappen wusch sie die Säulen.

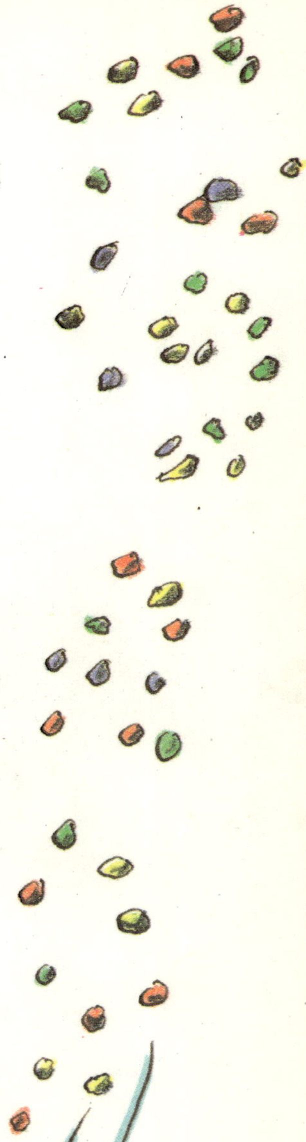

»Das ist die Dienerin des bösen Geistes«, sagte einer. »Es ist ihre tägliche Pflicht, die Steine zu säubern.« Als sie die Frau und ihre jämmerliche Verrichtung beobachteten, verloren sie alle Hoffnung.

Dann aber faßte einer der Brüder Mut und rief: »Dienerin des bösen Geistes! Sag uns, an welchem Tag dein Herr gnädig ist! Wir wollen nicht versteinert werden. Auf uns warten zwölf schöne Schwestern.«

Die Dienerin erschrak. So hatte noch niemand mit ihr gesprochen, und mit einer solchen Frage hatte sich noch keiner an sie gewandt. »Nein!« antwortete sie. »Wenn ich das Geheimnis verrate, verwandelt er auch mich in eine Steinsäule.«

»Dann hilf uns mit gutem Rat!« bat ein anderer. »Sonst sind wir den langen Weg umsonst gegangen.«

Die Dienerin schaute ängstlich um sich und trat näher. Dem größten der zwölf Brüder sagte sie ins Ohr: »Ihr könntet den bösen Geist überwinden und uns aus dem Tal befreien.«

»Gern«, antwortete er. »Aber wo finden wir deinen Herrn?«

Zitternd schaute sie um sich und antwortete schließlich: »Vor euch seht ihr einen hohen Berg. In ihm ist ein großer See. Auf ihm schwimmt eine bunte Ente. In ihr ist ein graues Ei und in ihm brennt eine gelbe Kerze. Das ist der böse Geist.«

Die Brüder wollten nicht glauben, was sie gehört hatten. Wollte sie die Frau verführen? Sie war die Dienerin des Geistes. Vielleicht waren alle versteinerten Menschen von ihr verführt worden?

Einige der Brüder wollten lieber umkehren, aber der größte von ihnen fragte die Dienerin, was zu tun wäre, wenn sie die gelbe Kerze im grauen Ei der bunten Ente gefunden hätten.

»Wer sie ausbläst, hat den bösen Geist überwunden und alle im Tal befreit«, sagte sie und verschwand.

Die Brüder schauten zum Berg hinüber, der auf der anderen Seite des Tals in den Himmel ragte. Der

dunkle Nebel hing an ihm wie ein schmutziger Kragen. Sie berieten, wie sie bis zu der Kerze gelangen könnten.

»Am besten, wir tragen den Berg ab«, schlug einer vor.

»Das wird eine schwere Arbeit«, meinte ein anderer.

»Bevor der Berg abgetragen ist, sind wir alt geworden. Und die zwölf Schwestern werden uns nicht mehr mögen«, sagte der nächste.

Aber dann fiel dem ersten ein, was ihnen die wilden Tiere gegeben und gesagt hatten.

»Die Fellhaare verbrennen!« riefen sie. »Der Gestank bringt Rettung.«

Das war ein guter Rat in höchster Not.

Sie verbrannten die Löwen-, Wolfs- und Affenhaare. Rauch und Gestank stiegen auf und breiteten sich im Wald aus. Es dauerte nicht lange, und aus dem Wald trat ein Rudel Tiere. Der Löwe, der Wolf und der Affe waren unter ihnen, einige Hasen und

Rehe, das Wildschwein, der Dachs und tausend Maulwürfe.

Der Dachs führte sie an, weil er am besten graben konnte. Gleich machten sie sich an den Berg. Sie gruben und kratzten und schoben und zogen und warfen und schubsten und trugen, daß Erde und Sand nur so umherflogen.

Die Brüder staunten. So schnell hatten sie noch niemanden arbeiten gesehen.

Der Dachs sagte: »Singt! Das erleichtert die Arbeit.«

Und sie sangen: »Hast du einen guten Freund . . .«

Der Berg nahm schnell ab. Bald war er eingeebnet. Die Tiere wischten sich den Schweiß.

»Habt Dank!« sagten die Brüder.

Der Löwe, der Wolf und der Affe, die Hasen und Rehe, die tausend Maulwürfe und der Dachs zogen von dannen.

Aber, wo war der See, von dem die Dienerin gesprochen hatte?

Die Brüder gingen dorthin, wo die Mitte des Berges gewesen war. Und tatsächlich: Sie standen am Ufer eines Sees.

Wo war die bunte Ente, von der die Dienerin gesprochen hatte?

Gespannt sahen sie aufs Wasser. Der Nebel war dicht. Aber dann durchdrangen ihn die Strahlen der Sonne. Der See glitzerte. In der Mitte schwamm die bunte Ente. Sie hatte alle Regenbogenfarben im Gefieder. Sie gefiel ihnen sehr.

»Was nützt sie uns in der Mitte des Sees?« sagte einer. »Wir können nicht schwimmen.«

Wieder schien es, als wären sie den langen Weg umsonst gegangen. Sie riefen der Ente zu, sie möge ans

Ufer schwimmen, und einer lockte sie mit seinem letzten Stückchen Brot. Aber, sie blieb, wo sie war.

Dann fiel ihnen ein, was sie von den Fischen im Waldteich bekommen hatten.

»Die bunten Steinchen!« riefen sie.

Gleich warfen sie sie in den See. Auf dem Wasser entstanden Kreise. In ihnen wimmelte es von Fischen, die die Ente ans Ufer trieben. Nun konnten die Brüder die Ente fangen.

Um an das Ei heranzukommen, mußten sie sie töten. Aber keiner von ihnen wollte dem schönen Vogel den Hals umdrehen. Schließlich verurteilten sie den stärksten von ihnen dazu. Und der fand auch das Ei. In ihm brannte die gelbe Kerze.

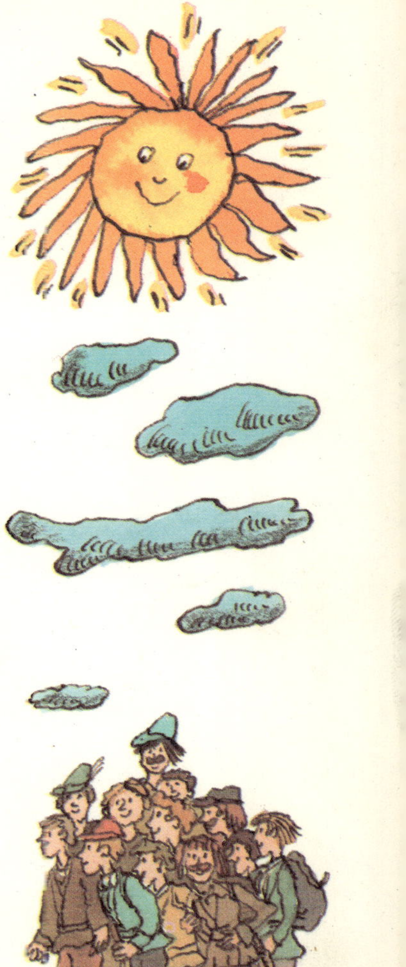

»Wir müssen sie löschen«, entsannen sie sich. Einer nach dem anderen blies in das Flämmchen, aber es flackerte nur. Erst als sie gemeinsam bliesen, löschten sie das Flämmchen.

Aber da erhob sich ein Gewitter. Blitze zuckten am Himmel. Wolken stießen gegeneinander, und Regen prasselte herab. Die Tiere flohen in den Wald. Die Brüder warfen sich zu Boden, sonst hätte sie der Wind davongetragen.

Das Gewitter dauerte nur einige Augenblicke. Im Tal hob sich der dunkle Nebel. Die Sonne schien. Die steinernen Säulen verwandelten sich wieder in Menschen. Sie umarmten sich zu Tausenden und zogen jubelnd nach Hause.

»Habt Dank für eure Tat!« riefen sie den Brüdern zu. »Ihr habt uns aus ewiger Verdammnis erlöst.«

Nachdem alle davongegangen waren, begaben sich die Wanderer auf das letzte Stück ihres Weges. Sie kamen in ein Dorf. In einem Holzhaus wohnte der Vater mit seinen zwölf Töchtern.

Die Mädchen, eines schöner als das andere, begrüßten die Burschen fröhlich.

»Seid willkommen«, riefen sie und bewirteten sie gut und reichlich.

Dann besprachen sie die zwölffache Hochzeit. Sie fand bald statt und wurde ein großes Fest.

Danach zogen die zwölf Brüder mit ihren jungen Frauen nach Hause zum Vater. Weil sie aber nicht durch das Tal gehen wollten, in dem sie so viel Schreckliches gesehen hatten, nahmen sie einen anderen Weg.

Das war ein freudiges Wiedersehen.

Die zwölf Paare bekamen bald zwölf Kinder und nach einem Jahr noch einmal zwölf, und alle waren glücklich.

Von den vielen erlösten Menschen aber wurden sie oft besucht und reichlich beschenkt.

ISBN 3-7420-0000-4

1. Auflage

Liz.-Nr.: 200/71/86 LSV 7528
Lektor: Ingrid Jurschik
Hersteller: Heidrun Dittrich
Printed in the German Democratic Republic
Lichtsatz: Karl-Marx-Werk Pößneck
Druck und Binden: Sachsendruck Plauen
Bestell-Nr.: 590 214 7
00580